**KRAFT
DER VIER
TIERE**

ANGEWANDTES QIGONG

AF200143

GERTRUD SCHRÖDER
LONG PING - FRIEDLICHER DRACHE

ÜBUNGS-HANDBUCH

ANIMOTION

ENERGY OF THE FOUR ANIMALS

AniMotion (überarbeitete Fassung)
1. Auflage
Herausgeber: Gertrud Schröder (Long Ping), Freiburg
Autor: Gertrud Schröder (Long Ping), Freiburg
Konzept und Gestaltung: Gertrud Schröder (Long Ping), Freiburg
Umschlagfoto: Bianca Engeln
Umschlaggestaltung: pepworx.de(sign)
Layout: Gertrud Schröder (Long Ping) & pepworx.de(sign)

Herstellung und Verlag:
BoD - Books on Demand, Norderstedt

ISBN: 9783750420199

Weitere Informationen und Kontakt:
www.FriedlicherDrache.de | info@friedlicherdrache.de

ÜBER DIE AUTORIN:

Gertrud Schröder - Long Ping, aus Freiburg, 35 Jahre Praxis in Weg- und Kampfkünsten (Taiji, Qigong, Kung Fu), ist Stimm- und Sprachtrainerin, Buchautorin.

Seit 1990 gibt sie jährich Seminare im Zen Kloster in Frankreich. Viele Jahre arbeitete sie für Bildungsträger und entwickelte wirkungsvolle körperorientierte Konzepte zur Klärung und Stabilisierung von inneren und äusseren Prozessen.

Sie ist eine gefragte nationale und internationale Seminarleiterin und Referentin.

- Begründerin des LoPi System
- Weiterbildungen im Bereich Kinder, Jugend, Erwachsene, Senioren
- Einzelbegleitung, Gruppenunterricht, Seminare, Projektbegleitung
- Bühnenperformance, Tagungsorganisationen

FRIEDLICHERDRACHE.DE

INHALTSVERZEICHNIS

ANIMOTION®
POWER- UND FITNESS WORKOUT

Dieses Handbuch ist der Start für ein Power- und Fitnessworkout, das den Körper auf allen Ebenen pflegt und trainiert. Es ist eine Einladung an Menschen jeden Alters mitzumachen.

AniMotion® ist eine Verbindung von asiatischen und westlichen Bewegungskünsten. Es basiert auf dem von Gertrud Schröder (Long Ping) entwickelten LoPi System. In diesem Training wird mit den Symbolen und Tierbildern von Bär, Kranich, Tiger, Schlange der ganze Körper trainiert.

Zu jedem im Handbuch beschriebenen Tierbild gibt es Anregungen: Der Bär steht für Kraft und Ausdauer. Die Qualitäten des Bären verbinden sich mit der Balance und Leichtigkeit des Kranichs. Diese wird mit der Power des Tigers verbunden. Die Schlange steht für Beweglichkeit und Dehnung.

Das Training orientiert sich an den individuellen Bedürfnissen der Teilnehmer*innen. Die Bewegungen werden im Wechsel langsam und schnell, ruhig und kraftvoll nach dem Prinzip von Yin und Yang ausgeführt. Die Übungen sind aufeinander aufgebaut. Mit einer guten Grundlage können selbst zusammengestellte Kombinationen (Freestyle) entwickelt werden.

AniMotion trainiert die Stabilität, aufrechte Haltung, Präsenz und Mobilität und bildet die Grundlage, die Herausforderungen des Alltages zu bewältigen.

WO?

Mit diesem Power- und Fitnesskonzept kann einfach und überall trainert werden: zu Hause, in der freien Natur und auch zwischendurch am Arbeitsplatz.

WIE?

Alle Übungen können je nach Bedarf und individuellem Trainingsstand in unterschiedlicher Intensität ausgeführt werden. Sie eignen sich sowohl im Einzel- wie auch Gruppentraining.

WAS?

Die Übungsanleitungen mit den dazugehörigen Fotos und Illustrationen sind sowohl im Buch, als auch über die abgebildeten **QR-Codes** direkt über das Smartphone online verfügbar oder im youtube Kanal FRIEDLICHER DRACHE zu finden.

Die persönlichen Fitnessziele können individuell durch die gewünschte Intensität gesteigert werden. Zu jedem Tierbild gibt es 4 verschiedene Übungen in 3 Schwierigkeitsgraden. Level 4 ist Freestyle (Kombinationen).

Besonderer Hinweis:
Alle Übungen basieren auf jahrelanger Erfahrung und wurden sorgfältig geprüft. Zur Abklärung möglicher körperlicher und seelischer Einschränkungen ist ein Gespräch mit dem Hausarzt vorab zu empfehlen. Jedes Training setzt selbstverständlich die Bereitschaft zu Eigenverantwortung voraus. Vertiefender Unterricht mit einer/einem erfahrenen Lehrer*in wird empfohlen. Das Handbuch dient der Unterstützung. Es wird keine Haftung übernommen.

ALLGEMEINES ZUM TRAINING
GILT FÜR ALLE ÜBUNGEN

Bereits mit 2-3 mal die Woche kann mit einem 10 Minuten Training ein erlebbarer Trainingserfolg erreicht werden.

GRUNDPOSITION

- Füße stehen hüftbreit auseinander

- Kniegelenke sind gerade nach vorne ausgerichtet und leicht gebeugt

- Spannung in der Bauchmuskulatur halten

- Steißbein nach unten (Becken leicht nach vorne kippen)

- Schulterblätter locker sinken lassen

- Schulterbereich entspannen

- Wirbelsäule und Brustbein sind aufgerichtet

- Halswirbelsäule strecken

- Unterkiefer lockern, Kinn leicht nach unten ziehen

ATMUNG

- Der Atem ist gleichmässig und ruhig

- In die Bewegungsaktion ausatmen

- Übungsräume regelmässig lüften

GRUNDHALTUNGEN
DIE 4 AUSGANGSPOSITIONEN

BÄR
Hüft- bis schulterbreiter Stand, die Füße parallel, die Knie sind leicht gebeugt

KRANICH
Die Fersen stehen nah beieinander, die Fußspitzen sind leicht ausgedreht, die Knie sanft gestreckt, aber nicht durchgedrückt

TIGER
Stand mit breiter Fußstellung (etwa doppelte Schulterbreite), das Gesäß gesenkt, die Knie gebeugt, Knie und Zehenspitzen stehen parallel oder zeigen leicht nach außen

SCHLANGE
Füße eng zusammen stellen, Knie leicht beugen

AUFWÄRMTRAINING

Zur Einstimmung ins Training sind folgende Übungen als eine leicht zu erlernende Methode empfehlenswert:

STABILISIERUNG UND ERDUNG

- Ausgangsposition: Paralleler, schulterbreiter Stand (siehe S. 13)

- Mit dem Ausatmen den Schwerpunkt senken, Körper aufrichten, dabei bewusst alle Muskeln entspannen

- Den Körper auf und ab wippen, wobei der Bewegungsimpuls nur von den Knien ausgeht. Der Körper folgt entspannt der Bewegung, die Arme bleiben locker hängen

- Der Körperrhythmus passt sich dem Atem an

ZENTRIERUNG

- Ausgangsposition: Paralleler, schulterbreiter Stand (siehe S. 13)

- Die Hände bilden vor dem Unterbauch lockere Hohlfäuste

- Der linke Fuß wird nach hinten abgesetzt, das Körpergewicht auf den hinteren Fuß verlagert

- Die Hände werden sanft seitlich auseinander gezogen

- Das Gewicht bewusst auf den vorderen Fuß verlagern, wobei die Arme, in einem Halbkreis über die Seiten in Höhe des Unterbauches zusammengeführt werden

- Den linken, hinteren Fuß in die Ausgangsposition zurück setzen

- Seitenwechsel (rechten Fuß nach hinten setzen)

AUFRICHTUNG UND LOCKERUNG

- Ausgangsposition: Paralleler, schulterbreiter Stand (siehe S. 13)

- Hals und Kopf sind aufgerichtet und entspannt

- Die Augen sind entspannt nach vorne gerichtet

- Die Arme sind seitlich des Körpers

- Die Finger der Hand hängen locker nach unten

- Die Arme führen eine schwingende Pendelbewegung aus, die Handflächen zeigen nach innen

SEITLICHES SCHWINGEN

- Ausgangsposition: Paralleler, schulterbreiter Stand (siehe S. 13)

- Hals und Kopf sind aufgerichtet und entspannt, die Augen sind entspannt

- Die Arme sind seitlich des Körpers

- Den linken Fuß nach links drehen, dann das Gewicht auf den linken Fuß verlagern, der rechte nicht belastete Fuß ist auf dem Fußballen

- Seitenwechsel, die Rotation wird über Becken und Hüftgelenke eingeleitet

- Die Arme schwingen mit, auf der linken Seite ist der rechte Arm nach vorne gestreckt, der linke Arm ist nach hinten gestreckt

- Die Schwungbewegung entwickelt sich leicht und mühelos

ÖFFNEN DER GELENKE

- Ausgangsposition: Paralleler, schulterbreiter Stand (siehe S. 13)

- Den Kopf nach links und rechts drehen, die Augen begleiten die Bewegung, den Kopf nach oben und unten bewegen, Augen begleiten die Bewegung

- Schultern vor und zurück kreisen

- Ellbogen kreisen, erst Handfläche nach vorne, dann in die andere Richtung, abwechselnd rechts und links

- Beide Arme abwechselnd nach vorne strecken, im Handgelenk anwinkeln und mit den Handflächen im Wechsel nach unten streichen

- Vom Daumen beginnend die Finger der anderen Hand einzeln zwischen Zeige- und Mittelfinger nehmen und sanft dehnen

- Wirbelsäulenrotation nach rechts und links, vom Steiß beginnend nach oben drehend, die Arme gehen locker mit

- Becken kreisen, beide Richtungen

ÖFFNEN DER GELENKE
YouTube (Video)

- Einen Fuß nach vorne stellen - Knie kreisen (abwechselnd links und rechts)

- Knie anheben, Fußgelenk kreisen, abwechselnd links und rechts

- Die Zehen in den Boden krallen und wieder locker lassen

- Jede Bewegung 2 - 4x ausführen

DIE ATEMBEWEGUNG

Der Atem spielt eine zentrale Rolle in den Übungen. Atmen bedeutet, in Verbindung mit sich und der Welt zu sein. Die Atmung geschieht unwillkürlich. Wir können sie aber bewusst beeinflussen und mit inneren und äußeren Bewegungen verbinden.

Die Vorstellungskraft hilft den Atem zu lenken und begleitet diesen mit jeder Bewegung. Wie ein Motor wirkt jeder Atemzug auf den Energiekreislauf. Hierbei werden Kraftaufbau sowie die Fähigkeit zur Entspannung unterstützt.

Zum Atemablauf:
Beim natürlichen Atemvorgang spielt das Zwerchfell eine wesentliche Rolle, um die Lungenfunktion zu erweitern.

Beim Einatmen nehmen wir Sauerstoff auf, die Rippen heben sich, der Brustkorb erweitert sich, die Lungen dehnen sich aus. Gleichzeitig geben die Bauchmuskeln und der Beckenboden nach, die Bauchdecke hebt sich, das Zwerchfell senkt sich. Die Bauchorgane werden nach unten bewegt und durch die Zwerchfellbewegung komprimiert.

Beim Ausatmen senken sich die Rippen, das Zwerchfell gibt nach und steigt hoch, der Brustraum verkleinert sich.

Pflege deinen Lebensmotor mit aktiven Atemzügen!

AUFBAU DES WORKOUT

- Nach dem Aufwärmtraining mit der jeweils 1. Übung aus Level 1 beginnen (mit Bär, Kranich Tiger, Schlange)

- Jede Übung 4-8x ausführen

- Die ganze Abfolge 4x wiederholen

- Alle Übungen werden mit Seitenwechsel trainiert

- Mit der 2. Übung aus Level 1 nach demselben Muster steigern

- Darauf folgt dann die 3. und 4. Übung

- Sind alle Übungen verinnerlicht, wird mit Level 2, dann Level 3 gestartet.

- Der Zeitpunkt für den freestyle (eigene Kombinationen) wird sich durch Geduld und Ausdauer entwickeln.

Hinweis
Alle im QR Code dargestellten Übungen können auch direkt im
YouTube Kanal Friedlicher Drache (Ordner QR Code)
angesehen werden.

BÄR

Kraft und Ausdauer
Zentrierung und Stabilität
sind die Basis des Übens

熊

書拾一九
四月
中國山重
濟南市
七十五歲
馬文寬

Der Bär steht für Stabilität und
Verbundenheit mit der Erde.

BÄR

Die Bewegungen sind kraftvoll
Ein stabiler, zentrierter Stand
ist das Fundament

ÜBUNGEN

LEVEL 1
KRÄFTIGUNG

LEVEL 2
STÄRKE

LEVEL 3
POWER

LEVEL 4
KOMBINATIONEN

LEVEL 1 KRÄFTIGUNG

1. ÜBUNG

FÄUSTE ANSPANNEN/LÖSEN

- Ausgangsposition: Hüft- bis schulterbreiter Stand, die Knie sind leicht gebeugt, die Hände bilden lockere Fäuste auf Höhe des Unterbauchs (Abb. 1)

- Fäuste anspannen, dabei Arme und Ellenbogen leicht nach hinten und unten ziehen (Abb. 2)

- Spannung einen Moment halten und langsam lösen, wobei die Fäuste wieder vor den Unterbauch gebracht werden, entspannen

ERWEITERUNG

- Große, weit ausholende Bewegung

- In der Bewegung nach hinten ziehen die Schulterblätter stärker zusammen und der Brustkorb öffnet sich (Abb. 1)

- In der Bewegung nach vorne wird der Rücken stärker gerundet und somit die Wirbelsäule entlastet (Abb. 2)

FOKUS

- Schulterblätter nach unten ziehen
- Alle Bewegungen werden mit einem aktiven Bauchmuskel trainiert
- Beim Ausatmen den Bauchmuskel nach innen ziehen, beim Einatmen lockern. So entwickelt sich Vitalität und die Übungen können dynamisch ausgeführt werden
- Der untere Rücken wird gestärkt, die LWS stabilisiert

2. ÜBUNG

UNTERARME/SCHULTERBLÄTTER ANSPANNEN/LÖSEN

- Ausgangsposition: Unterarme heben, Ellbogen nach unten (Abb. 1)

- Schulterblätter nach unten und zusammenziehen, Spannung in den Armen halten (Abb. 2)

- Entspannen, die Arme kommen wieder nach vorne

ERWEITERUNG

- Große, weit ausholende Bewegung. Beim nach vorne beugen wird der Rücken gerundet

- In der Bewegung nach hinten werden die Schulterblätter stark zusammengezogen. Der Brustbereich wird gedehnt

FOKUS

- Schultern unten lassen
- Schulterblätter nach unten ziehen
- Den Nacken strecken, das Kinn leicht anziehen

BÄR
1. & 2. ÜBUNG
YouTube (Video)

3. ÜBUNG

VON OBEN NACH UNTEN
NACH OBEN

- Ausgangsposition: die Unterarme bis Kopfhöhe seitlich heben, Ellbogen zeigen nach unten (siehe Level 2 Übung 1 Abb.1)

- Fäuste vor dem Unterbauch, die Arme bilden einen Kreis (Abb. 1)

- Knie beugen, Hände auf Knie legen, Rücken runden (Abb. 2)

- Hände auf den Boden (Abb. 3)

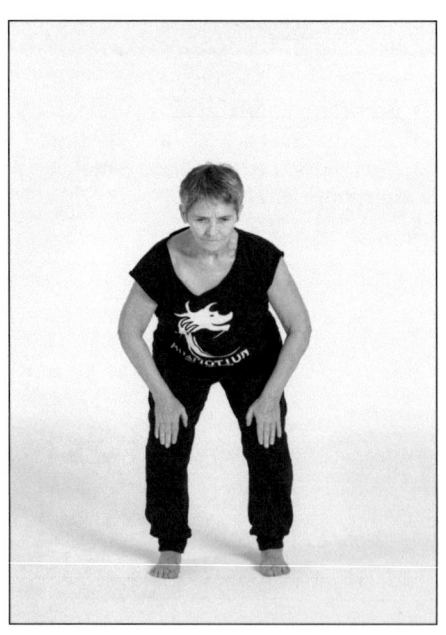

4. ÜBUNG

WIPPE AM BODEN

- Hände auf die Knie (Abb. 1), dann nach vorn mit Handflächen zum Boden, dabei die Fersen leicht anheben (Abb.2)

- Hände zurück auf die Knie, dabei leicht hochfedern

- mehrfach wiederholen

- Alternativ die Hände auf den Knien lassen und Fersen anheben

BÄR
4. ÜBUNG
YouTube (Video)

LEVEL 2 STÄRKE

1. ÜBUNG

KNIE BEUGEN

- Ausgangsposition: Die Arme neben den Kopf heben, die Handflächen zeigen nach vorne und Ellenbogen zeigen leicht nach außen

- Knie beugen, den Schwerpunkt absenken, der Oberkörper bleibt aufgerichtet (Abb. 1)

- Aufrichten, durch Streckung der Knie den Körper gleichmäßig nach oben bewegen, in der Endposition die Knie nicht durchdrücken

ERWEITERUNG

- Das Training mit Stock unterstützt die aufgerichtete Haltung und die Öffnung des Brustbereichs

- Den Stock in den Nacken legen und mit den Händen greifen (Abb. 2). Hierfür eignet sich z.B. ein Besenstiel

ERWEITERUNG

- Aus der Ausgangsposition heraus den rechten Fuß 45 Grad nach hinten, wieder zur Mitte und dann nach vorne stellen. Die Bewegung kommt aus der Hüfte

- Die Knie beugen, den Schwerpunkt absenken und wieder strecken

- In die Ausgangsstellung zurückgehen

- Seitenwechsel: Den Bewegungsablauf mit dem linken Fuß ausführen

- In der jeweiligen Haltung die Hände auf die Knie und/oder zum Boden bringen

FOKUS

- Der Oberkörper wird mittig gehalten
- Die Geschwindigkeit steigern
- Die Oberschenkel werden gekräftigt

BÄR
1. ÜBUNG
Erweiterung
YouTube (Video)

LEVEL 2 STÄRKE

2. ÜBUNG

ZUR SEITE NEIGEN

- Die gestreckten Hände sind seitlich auf Kopfhöhe

- Den Rumpf mit den Armen zur Seite neigen, die Ellenbogen Richtung Knie führen, rechts und links im Wechsel (Abb. 1)

ERWEITERUNG

- Ausfallschritt im Wechsel rechts und links nach vorne

3. ÜBUNG

FAUSTSCHLAG

- In der Ausgangsstellung die Knie tiefer beugen

- Erst rechte, dann linke Faust nach vorne, die andere geöffnete Hand ist in Kopfhöhe (Abb. 2)

FOKUS

- Der Oberkörper bleibt aufgerichtet
- Kniegelenke über den Fußgelenken ausrichten
- Schnelles Reaktionstraining durch Öffnen und Schließen der Fäuste

4. ÜBUNG
BLOCK

- Ausgangsposition leicht gebeugt, Hände sind seitlich in
  Kopfhöhe
  (siehe Level 2 Übung 1)

- Unterarmblock rechts und links
  im Wechsel, der Unterarm wird
  gedreht, am Endpunkt der Bewegung angespannt (Abb. 1, 2)

- Beide Fäuste vor dem Unterbauch anspannen und lösen
  (Abb. 3)

LEVEL 3 POWER

1. ÜBUNG
DIAGONAL IM TIEFEN STAND

- Ausgangsposition im tiefen Stand, Hände sind seitlich in Kopfhöhe (Level 2 Übung 2)

- Den Rumpf zur Seite drehen, die Hände bleiben in Kopfhöhe

- Die Ellbogen im Wechsel Richtung des gegenüber liegenden Knies führen (Abb. 1)

ERWEITERUNG

- Siehe Level 2 Übung 1

2. ÜBUNG
HÄNDE DIAGONAL ZUM BODEN

- Die rechte Hand in Höhe des gegenüberliegenden Fußes zu Boden oder zum Knie bringen, der linke Unterarm ist in Kopfhöhe, Seitenwechsel (Abb.2)

FOKUS

- Rücken- und Lendenbereich bei einem aktiven Bauchmuskel stabil halten

3. ÜBUNG

HÄNDE ZUM BODEN

- Hände nach vorne zum Boden bringen und die Knie vom Boden abheben, Beine strecken (Abb. 1)

- Liegestütze (Abb. 2)

ERWEITERUNG

- Im Wechsel einen Fuß nach vorne in Richtung Hände bringen

4. ÜBUNG

HAND UND FAUST DYNAMIK

- Tiefer Stand, Oberkörper nach vorne beugen, abwechselnd Hände und Fäuste zum Boden (Abb.3)

- Etwas aufrichten, im Wechsel Hände und Fäuste auf die Oberschenkel

ERWEITERUNG

- Fäuste und Hände zum Boden, Füsse dazu rhythmisch bewegen

KOMBINATIONEN **LEVEL 4**

ALLE ÜBUNGEN KÖNNEN
MITEINANDER VERBUNDEN
WERDEN

KRANICH

Anmut und Leichtigkeit
Balance und Klarheit
sind die Basis des Übens

鶴

書 一九九〇 四月 中國山東 濟南市 七十五歲 馬文寬

**Die Luft und die Weite
werden dem Kranich zugeschrieben.**

KRANICH

Weitblick und Offenheit
Eine gute Wahrnehmung des Körpers schafft
Orientierung und Freiräume

ÜBUNGEN

 LEVEL 1
SCHWINGEN

 LEVEL 2
BALANCE

 LEVEL 3
FLUG

 LEVEL 4
KOMBINATIONEN

⟆ LEVEL 1 SCHWINGEN

1. ÜBUNG

ARME SEITLICH SCHWINGEN

- Ausgangsposition: Füße stehen eng nebeneinander, Knie sind sanft gestreckt

- Die Wirbelsäule aufrichten

- Die Arme sind seitlich gestreckt, die Finger weit gespreizt (Abb. 1)

- Mit kleinen Bewegungen die gestreckten Arme vor und zurück schwingen. Die Bewegung geht von den Schulterblättern aus

ERWEITERUNG

- Die Bewegung auf den Fuß-
- ballen ausführen

FOKUS

- Aktive Bauchmuskulatur, Bauchnabel beim Ausatmen nach innen ziehen, beim Einatmen loslassen
- Die Wirbelsäule strecken
- Halswirbelsäule strecken
- Füsse parallel halten
- Die Spannung in den Fingern halten und die Arme gestreckt halten
- Stabile Position der Knie herstellen

KRANICH
1. ÜBUNG
YouTube (Video)

2. ÜBUNG

ARME NACH OBEN UND UNTEN
SEITLICH DEHNEN

- Ausgangsposition, die Arme
  seitlich strecken, die Finger sind
  auseinander und gestreckt

- Den rechten Arm senken und
  den linken Arm stecken, der
  Blick bleibt geradeaus gerichtet
  (Abb. 1)

- Seitenwechsel

ERWEITERUNG

- Fersen anheben und auf den
  Fußballen stehen

- Den Rumpf in der Dehnung zur
  Seite neigen und leicht drehen,
  dabei zieht die untere Hand
  Richtung Ferse

FOKUS

- Becken leicht nach vorne kippen,
  Bauchmuskel aktiv halten
- Der Rücken ist gerade
- Schultern sind entspannt, Schulter-
  blätter leicht zusammen ziehen, so
  das sich der Brustkorb öffnet
- Der Blick ist geradeaus gerichtet
- Die Wahrnehmung von Beweglich-
  keit wird geschult
- Die Reaktionsfähigkeit wird verbes-
  sert

LEVEL 1 SCHWINGEN

3. ÜBUNG

BEUGEN UND STRECKEN

- Ausgangsposition

- Die gestreckten Arme werden in einer Kreisbewegung über außen nach oben geführt, die Handinnenflächen zeigen zueinander (Abb. 1)

- Die gestreckten Arme in einer Kreisbewegung über außen nach unten führen, sodaß die Fingerspitzen den Boden berühren (Abb. 2)

- In der Bewegung die Knie tiefer beugen und in die Hocke gehen

ERWEITERUNG

- Die Fingerspitzen zeigen im Wechsel bis zum Knie und Richtung Boden

- In der Aufrichtung die Fersen vom Boden lösen und in den Ballenstand gehen

4. ÜBUNG
ARME SCHWINGEN MIT RUMPFDREHUNG

- Ausgangsposition: Die Arme sind über dem Kopf gestreckt, die Knie leicht gebeugt (Abb. 1)

- Vom Becken aus wird eine Drehung nach rechts begonnen

- Hierbei sinkt der linke Arm auf Höhe der Schultern nach hinten, der rechte Arm sinkt ebenfalls auf etwa Höhe der Schultern nach vorne (Abb. 2)

- Der Blick folgt derlinken, also der hinteren Hand

- Die Arme werden wieder in einer Kreisbewegung nach oben geführt

- Seitenwechsel und somit die Bewegung mit einer Rotation des Beckens nach links ausführen

⟨ LEVEL 2 BALANCE

1. ÜBUNG

ARME DREHEN UND EIN BEIN
STRECKEN

- Ausgangsposition: Arme über
  den Kopf

- Einbeinstand: Das rechte Knie
  heben. Gleichzeitig wird der
  rechte Arm kreisförmig nach
  hinten und der linke Arm nach
  vorne gestreckt, die Handflächen zeigen nach oben (Abb. 1)

- Seitenwechsel

ERWEITERUNG

- Das rechte Bein nach vorne
  strecken (Abb. 2)

- Seitenwechsel

- Der Blick folgt jeweils dem
  hinteren Arm und der Rumpf
  dreht sich mit

KRANICH
1. & 2. ÜBUNG
YouTube (Video)

2. ÜBUNG

KICK DIAGONAL ZUR SEITE

- Ausgangsposition: Die Arme werden seitlich gestreckt und die Finger gespreizt

- Einbeinstand. Das rechte Knie anheben (Abb. 1)

- Der Fuß tritt diagonal vor dem anderen Bein nach vorne (Abb. 2)

FOKUS

- Lendenwirbelsäule stabil halten
- In der Aufrichtung im Standbein eine leichte Beugung beibehalten, um das Gelenk zu entlasten

LEVEL 2 BALANCE

3. ÜBUNG

KICK ZUR SEITE

- Ausgangsposition

- Die Arme werden seitlich gestreckt und die Finger gespreizt

- Einbeinstand: Das rechte Knie anheben (Abb. 1)

- Das Bein zur Seite strecken, mit der Ferse einen Kick zur Seite ausführen (Abb. 2)

FOKUS

- Stabilität des Knies im Standbein
- Die Hüfte waagerecht halten
- Körperspannung halten
- Balance wird trainiert

4. ÜBUNG

KICK NACH HINTEN

- Ausgangsposition mit seitlich gestreckten Armen (siehe Level 2 Übung 3)

- Den Rumpf nach vorne beugen (Abb. 1)

- Das linke Knie wird angehoben, so daß Ober- und Unterschenkel einen rechten Winkel bilden (Abb. 2)

- Das linke Bein nach hinten strecken, Fußspitze am Boden absetzen

- In die Ausgangsposition zurück kommen, Seitenwechsel

ERWEITERUNG

- Das Bein waagerecht nach hinten strecken, Bein und Rücken bilden etwa eine waagerechte Linie (Abb. 3)

- Knie anwinkeln, Fuß absetzen, Seitenwechsel

 LEVEL 3 FLUG

FOKUS

- Elastische Bauchspannung halten
- Eine dynamische, schwingende Bewegung entstehen lassen

1. ÜBUNG

ARME PENDELN

- Ausgangsposition: Füße stehen eng nebeneinander, die Arme liegen entspannt seitlich des Körpers an und die Hände sind geöffnet

- Der Rumpf wird leicht nach vorne gebeugt

- Gesäß wird leicht gesenkt und die Knie gebeugt

- Die Arme pendeln seitlich, der Rumpf macht dabei eine kleine Rotationsbewegung, der Blick folgt dem nach hinten pendelnden Arm

ERWEITERUNG

- Abwechselnd die Fersen in Einklang mit der Pendelbewegung heben (Abb. 1)

2. ÜBUNG

ARME PENDELN UND EIN BEIN
NACH HINTEN STRECKEN

- Die Arme machen eine Pendelbewegung nach vorne und
  hinten (siehe Level 3 Übung 1)

- Im Wechsel Knie heben und
  Bein nach hinten strecken

ERWEITERUNG

- Die Arme gleichzeitig
  schwingen und nach hinten
  strecken (Abb. 1)

- Beim gebeugten Knie Fuß strecken, beim gestreckten Bein die
  Zehen anziehen und Ferse nach
  hinten schieben

KRANICH
1. & 2. ÜBUNG
YouTube (Video)

3. ÜBUNG

SCHWINGENDE ARME AUS
DER HOCKE

- Ausgangsposition

- Knie beugen, Gesäß sinkt nach
  unten

- Die Arme umschließen locker
  den gerundeten Oberkörper,
  die Hände überkreuzen sich vor
  dem Brustkorb
  (Abb. 1)

- Die Arme schwingen zur Seite,
  Wirbelsäule aufrichten, Arme
  schließen, Wirbelsäule gerundet

- Im Wechsel Ferse heben und
  Arme seitlich öffnen

ERWEITERUNG

- Ein Knie wird angehoben und die
  Arme leicht gestreckt (Abb. 2)

4. ÜBUNG

SPRINGEN UND ABHEBEN

- Ausgangsposition: Füße stehen eng nebeneinander, Arme überkreuzen sich vor dem Brustkorb (Abb. 1)

- Die Arme werden mit einer Schwungbewegung seitlich nach oben geführt, Brustbein hebt sich nach oben (Abb. 2)

- Die Arme werden nach vorne „fallen gelassen" und pendeln locker, parallel zum Körper vor und zurück, die Knie beugen und strecken sich in der schwingenden Bewegung

- In der Dynamik hoch springen, die Arme schwingen dabei nach hinten oben, die Sprunghöhe steigern

FOKUS

- Wirbelsäule beweglich halten
- Sprungkraft langsam aufbauen

**KRANICH
KOMBINATIONEN**
YouTube (Video)

TIGER

Entschlossenes Handeln
Aktion und Tatkraft
sind die Basis des Übens

中國書

馬逸七濟四一

Feuer und Vitalität
entsprechen dem Tiger

TIGER

Dynamik und Schnelligkeit
Die eigenen Kräfte aktivieren
und präzise umsetzen

ÜBUNGEN

 LEVEL 1
POWER

 **LEVEL 2**
SPRUNG

 **LEVEL 3**
DYNAMIK

 **LEVEL 4**
KOMBINATIONEN

 # LEVEL 1 POWER

1. ÜBUNG

KRALLEN ZEIGEN

- Ausgangsposition: Stand mit weiter Fußstellung und gebeugten Knien, Knie und Zehenspitzen zeigen leicht nach außen

- Die Hände befinden sich über dem Kopf, die Handinnenflächen zeigen nach oben, Ellenbogen sind gebeugt, (Tigerkrallen nach oben), die Schultern sinken nach unten, Spannung halten (Abb. 1)

- Die Hände mit Handflächen nach unten in Höhe des Unterbauchs führen

- Fäuste bilden und zur Taille führen (Abb. 2)

 **TIGER**
1. Übung
YouTube (Video)

- Die Hände werden in einer kraftvollen Push-Bewegung nach vorne bewegt, die Fäuste öffnen sich in der Drehbewegung und bilden in der Endposition Tigerkrallen (Abb. 3)

- Die Hände werden in einer Rotationsbewegung wieder zur Taille zurückgeführt und bilden erneut Fäuste

- Dieselbe Push-Bewegung wird zu den Seiten ausgeführt (Abb. 4)

- Die Hände wieder zur Taille führen und Fäuste bilden (Abb. 2 Seite 60)

FOKUS

- Tiefer, breiter Stand
- Schwerpunkt absenken
- Koordination und Präzision werden geschult
- Durch gezieltes Anspannen und Lösen der Muskulatur kommt es zu einer explosiven Kraftentwicklung

 # LEVEL 1 POWER

2. ÜBUNG
ZUPACKEN

- Ausgangsposition
  (Level 1, Übung 1)

- Die Hände befinden sich vor
  dem Unterbauch, die Finger
  zeigen zueinander und sind
  krallenförmig gebeugt, die
  Arme sind angewinkelt und die
  Ellenbogen zeigen nach außen

- Das Gewicht wird auf das rechte
  Bein verlagert, die Hände im
  Bogen über rechts nach links
  führen, Handflächen zeigen
  nach unten

- Die linke Hand ist vorne, der
  linke Fuß ist auf dem Fußballen

- Seitenwechsel

ERWEITERUNG

- Der Körperschwerpunkt wird
  nach unten verlagert

- Die Bewegung wird größer

- Die Füsse sind am Boden
  (siehe Abb. 1)

3. ÜBUNG

SEITSTEP

- Ausgangsposition: Füsse eng zusammen. Arme vor dem Brustkorb überkreuzen, Hände zeigen zum Körper (Abb. 1)

- Den rechten Fuß nach rechts setzen, gleichzeitig die Hände mit Tigerkrallen zu den Seiten strecken, das Gewicht ist auf beiden Füssen (Abb. 2)

- Den rechten Fuß neben den linken setzen und Tigerkrallen wieder vor dem Brustkorb überkreuzen

ERWEITERUNG

- In tiefe Postion gehen, dynamischer Wechsel von Seite zu Seite

TIGER
3. ÜBUNG
YouTube (Video)

 # LEVEL 1 POWER

4. ÜBUNG

SPRUNGBEREIT

- Ausgangsposition: Stand mit breiter Fußstellung und gebeugten Knien, die Hände bilden Krallen nach unten vor dem Unterbauch

- Linkes Bein nach hinten stellen, zeitgleich berührt die linke Hand das rechte Knie, die rechte Hand ist in Kopfhöhe (Abb. 1)

- schneller Seitenwechsel, Dynamik steigern

- Alternativ die linke Hand zum Boden bringen, Geschwindigkeit steigern (Abb. 2)

ERWEITERUNG

- Aus der Ausgangsposition mehrfach vor und zurück springen, dann Abfolge ausführen

FOKUS

- Koordination, Schnelligkeit und Ausdauer werden trainiert
- Die Reflexe werden geschult (Sturzprophylaxe)

1. ÜBUNG

FUSSWECHSEL

- Ausgangsposition: beide Arme etwa in Schulterhöhe leicht angewinkelt, die Hände bilden Tigerkrallen

- Das rechte Bein weit nach vorne im Ausfallschritt absetzen

- Die linke Hand auf das rechte Knie legen, die rechte Hand ist in Kopfhöhe

- Der Rumpf dreht sich zur ge-öffneten Hand (Abb. 1), Seiten-wechsel

ERWEITERUNG
- Die linke Hand auf den Boden bringen, der Blick folgt der rechten Hand (Abb. 2)

FOKUS

- Das Knie max. bis zur Fußspitze bewegen
- Das Knie stabil halten und geradeaus richten
- Die Oberschenkel werden gekräftigt
- Die Wirbelsäule bleibt gerade

2. ÜBUNG

SEITSTEP

- Ausgangsposition: die Hände bilden Tigerkrallen

- Ausfallschritt mit dem rechten Fuß nach vorne, die rechte Hand bildet eine Tigerkralle und zeigt nach vorne, die linke Hand ist etwas nach hinten genommen (Abb. 1)

- Dynamischer Seitenwechsel

- Seitstep nach links ausführen, dann einen Ausfallschritt mit dem rechten Fuß nach hinten ausführen

- Die rechte Hand berührt den Boden bzw. den linken Oberschenkel, die linke Hand ist in Kopfhöhe, Fuß- und Handwechsel, mehrfach wiederholen

- Seitstep zur anderen Seite

ERWEITERUNG

- Je nach zur Verfügung stehendem Raum mehrere Seitsteps hintereinander ausführen

3. ÜBUNG
SPRUNGKRAFT

- Ausgangsposition: In die Hocke gehen

- Mit beiden Füßen nach vorne, dann wieder nach hinten springen

- Die Hände werden zu Boden gebracht, mit den Füßen wird in die Liegestützposition gesprungen, zurück in die Hocke

- Abfolge wiederholen

TIGER
3. ÜBUNG
YouTube (Video)

4. ÜBUNG

BEIN AM BODEN ZUR SEITE STRECKEN

- Ausgangsposition: Hände zum Boden, mit beiden Füssen nach hinten springen (Abb. 1)

- Das rechte Bein nach links hochstrecken. Linke Hand in Kopfhöhe (Abb. 2)

- Alternativ rechtes Bein nach links strecken und ablegen (Abb. 3)

- Die Übung im Stand ausführen (siehe linkes Foto)

1. ÜBUNG

AKTION ZUR SEITE

- Ausgangsposition: Die Hände bilden Fäuste unterhalb des Rippenbogens

- Den Kopf nach links drehen, Hüfte und Oberköper bleiben nach vorne ausgerichtet. Den linken Fuß nach links setzen und mit der linken Tigerkralle gleichzeitig nach links stoßen (Abb. 1)

- Den rechten Fuß neben den linken Fuß stellen, dabei die rechte Tigerkralle nach links stoßen, die linke Hand bildet eine Faust und geht gleichzeitig zur Taille zurück. (Abb. 2)

- Den linken Fuß nach links setzen, die linke Tigerkralle nach links stoßen, die rechte Faust zieht zur Taille (Abb. 1)

- Seitenwechsel

TIGER
1. ÜBUNG
YouTube (Video)

⤳ LEVEL 3 DYNAMIK

2. ÜBUNG

SPRUNGBEREIT

- Ausgangsposition

- Die Hände werden schulterbreit zu Boden gebracht, das Gesäß senkt sich hierbei ab in eine tiefe Hockposition

- Das Gewicht auf die Hände verlagern, die Finger sind gespreizt, mit den Füßen nach hinten springen

- Das rechte Knie anziehen (Abb. 1)

- Das Bein streckt sich wieder und der Fuß wird abgesetzt

- Seitenwechsel

- Die gleiche Bewegung abwechselnd mehrmals wiederholen

- Die Geschwindigkeit kann beliebig gesteigert werden

FOKUS

- Rücken und Bauchmuskulatur stabilisieren die Wirbelsäule, um Hohlkreuz oder Rundrücken zu vermeiden
- Die Hände sind unterhalb der Schultern
- Die Halswirbelsäule gestreckt halten

3. ÜBUNG

SEITLICHER SPRUNG MIT DREHUNG

- Ausgangsposition

- Mit dem linken Fuß einen Stepschritt nach links gehen

- Der rechte Fuß macht einen Überkreuzschritt nach links, die Knie werden gebeugt, der linke Fuß ist auf dem Fußballen

- Den Rumpf nach rechts drehen, die Hände zeigen nach rechts hinten. Der Blick folgt der Bewegung (Abb. 1)

- in Ausgangsposition zurück

- Seitenwechsel (Abb. 2)

ERWEITERUNG

- Statt eines Stepschrittes kann gesprungen werden, das steigert die Dynamik

LEVEL 3 DYNAMIK

4. ÜBUNG

ÜBERKREUZSCHRITT

- Ausgangsposition

- Mit dem linken Fuß einen kleinen Schritt zur Seite steppen,
den rechten Fuß überkreuz vor
den linken Fuß, dann den linken
Fuß weit nach links setzen

- Das Gewicht auf den linken Fuß
verlagern

- Das linke Knie ist gebeugt, das
rechte Bein gestreckt

- Die Hände sind zu Tigerkrallen
geformt und gehen in weitem
Bogen nach rechts (Abb. 1)

- Seitenwechsel

ERWEITERUNG

- Die Bewegungen können tief am
Boden ausgeübt werden, das
erfordert mehr Kraft

TIGER
3. & 4. ÜBUNG
YouTube (Video)

Schlange

Anpassung und Loslassen
Geschmeidigkeit und Beweglichkeit
sind die Basis des Übens

Die Schlange mit ihrer Beweglichkeit
wird dem Wasser zugeordnet.

SCHLANGE

Entwicklung und Wandlung
Durch Abstreifen von alten Gewohnheiten
kann Raum für Neues entstehen

ÜBUNGEN

 LEVEL 1
GESCHMEIDIGKEIT

 **LEVEL 2**
DEHNUNG

 **LEVEL 3**
WELLEN

 LEVEL 4
KOMBINATIONEN

 # LEVEL 1 GESCHMEIDIGKEIT

1. ÜBUNG

ROTATION DER WIRBELSÄULE

- Ausgangsposition: Füße eng zusammenstellen, die Arme strecken, rechte Handinnenfläche liegt auf der linken Handaußenfläche. Hände zeigen nach vorne, die Finger sind leicht gebeugt (Abb. 1)

- In der gestreckten Position den Oberkörper nach links und rechts drehen, die Hände geben den Impuls, der Blick folgt (Abb. 2)

- Das Becken bleibt stabil nach vorne ausgerichtet

- Die Hände tauschen, so dass die linke auf der rechten Hand liegt, nach rechts und links drehen

FOKUS

- Die Knie stabil nebeneinander halten
- Der Bewegungsimpuls für die Rotation der Wirbelsäule geht von oben nach unten
- Alle Bewegungen werden fließend ausgeführt
- Der Schultergürtel bleibt entspannt

2. ÜBUNG

NEIGUNG DER WIRBELSÄULE

- Ausgangsposition mit gestreckten Armen. Rumpf sanft nach hinten neigen (Abb. 1)

- Die Handgelenke werden gebeugt und auf den Kopf gelegt, die Handflächen zeigen nach vorne, nach links und rechts drehen (Abb. 2)

- Die Hände tauschen, so dass die linke auf der rechten Hand liegt, Abfolge wiederholen

FOKUS

- Die Wirbelsäule bleibt in der Drehbewegung aufgerichtet
- Die Schultern entspannen, Brustbein heben
- Bauchspannung

**SCHLANGE
1. & 2. ÜBUNG**
YouTube (Video)

3. ÜBUNG

WELLE DURCH DIE
WIRBELSÄULE

- Ausgangsposition (siehe Level 1
  Übung 1)

- Der Oberkörper beugt sich nach
  vorne, die Arme beschreiben
  einen großen Bogen Richtung
  Boden bis etwa auf Beckenhöhe,
  dabei rundet sich der Rücken
  Wirbel für Wirbel, Knie werden
  leicht gebeugt (Abb. 1)

- Die Finger in weichem Bogen
  nach vorne strecken, den Rücken bogenförmig strecken, das
  Brustbein heben (Abb. 2)

- Vom Becken ausgehend wieder
  aufrichten, die Arme sind über
  dem Kopf, die Hände tauschen
  die Position

SCHLANGE
3. & 4. ÜBUNG
YouTube (Video)

GESCHMEIDIGKEIT **LEVEL 1**

4. ÜBUNG

WELLE MIT EINEM ARM

- Ausgangsposition

- Der Oberkörper neigt sich weit nach hinten, die Arme bleiben gestreckt
  (Siehe Level 1 Übung 2 und 3)

- Der Oberkörper wird aus dem Becken nach vorne geneigt, die Knie werden gebeugt, die Hände werden auf die Knie gelegt

- Eine Hand bleibt auf dem Knie liegen, die andere schwingt nach vorne (Abb. 1)

- Dann schwingt die Hand nach hinten (Abb. 2) und geht zum Knie zurück. Die Augen folgen der Bewegung

- Seitenwechsel

FOKUS
- Die Bewegungen werden fließend im Wechsel ausgeübt
- Im nach vorne Schwingen das Brustbein heben, nach hinten Brustbein sinken

 # LEVEL 2 DEHNUNG

1. ÜBUNG

ROTATION MIT ÜBERKREUZTEN
BEINEN

- Ausgangsposition: Füße eng
  zusammenstellen, die Arme
  strecken, die Handflächen liegen
  hintereinander, die Finger sind
  leicht gebeugt

- Die Füße überkreuzen sich
  (Abb. 1)

- In der gestreckten Position
  den Oberkörper nach links und
  rechts drehen, die Hände geben
  den Impuls, der Blick folgt der
  Bewegung (Abb. 2)

- Die Position der Füße und Hände wechseln

FOKUS

- Die Knie bleiben dennoch geradeaus
  gerichtet
- Die Wirbelsäule langsam in die
  schraubende Bewegung bringen
- Eine geschmeidige Muskulatur
  bringt Elastizität und erweitert die
  Beweglichkeit

2. ÜBUNG

RUMPFDEHNUNG

- Ausgangsposition: (siehe Level 2 Übung 1)

- Die Füße überkreuzen

- Die Handgelenke werden gebeugt und auf den Kopf gelegt, die Handflächen und Ellbogen zeigen nach vorne (Abb. 1)

- Die Knie sind leicht gebeugt

- In dieser Position den Oberkörper nach links und rechts drehen (Abb. 2)

- Die Position der Hände und Füsse wechseln

3. ÜBUNG
SEITDEHNUNG

- Ausgangsposition: Die Füsse überkreuzen und eng nebeneinander stellen, der rechte Fuß wird neben den linken Fuß gestellt

- Die Arme über dem Kopf strecken, rechte Handinnenfläche liegt auf der linken Handaussenfläche, die Finger liegen übereinander (siehe Level 2 Übung1)

- Rumpf bogenförmig leicht nach rechts neigen, die Hände zeigen nach links.

- Rechter Arm dehnt nach links über den Kopf weit zur linken Seite, der untere Arm bleibt körpernah, der linke Ellbogen sinkt körpernah bis zur Taille

- Die Hände sind nach links gestreckt, die Handinnenflächen zeigen Richtung Boden (Abb. 1)

- Seitenwechsel (Abb. 2)

4. ÜBUNG

SEITDEHNUNG MIT GESTRECK-
TEN BEINEN

- Ausgangsposition (siehe Level 2 Übung 3)
- Das linke Bein zur Seite strecken, das rechte Knie ist ge-beugt, das Gewicht ist auf dem rechten Fuß

- Bei aufgerichtetem Rumpf zur linken Seite neigen, Arme und Hände folgen der Bewegung

- Aufrichten und Seitenwechsel

ERWEITERUNG

- Die Hände zeigen mit gestreck-ten Fingern zum Boden, der Ellbogen geht zur Taille

SCHLANGE
3. & 4. ÜBUNG
YouTube (Video)

🐍 LEVEL 3 WELLEN

1. ÜBUNG

ROTATION DER WIRBELSÄULE IM FLUSS

- Ausgangsposition
  (siehe Level 1 Übung 1)

- In der gestreckten Position den Oberkörper einmal nach links und rechts drehen, Handwechsel

- Nach der Rotation die Füsse überkreuzen und eng nebeneinander stellen, Handwechsel (Abb. 1)

- Dann die Handgelenke auf den Kopf legen, die Handflächen und Ellbogen zeigen nach vorne (Abb. 2)

- In dieser Position den Oberkörper nach links und rechts drehen

- Füsse überkreuzen, Füße stehen eng nebeneinander, Handwechsel

- Die Füsse sind eng aneinander im Wechsel parallel oder überkreuzt

2. ÜBUNG

WELLE ZUM BODEN

- Ausgangsposition

- Den Rumpf leicht nach hinten neigen (Abb. 1)

- Dann im Bogen nach vorne neigen, der Rücken rundet sich, die Hände bleiben zusammen, die Arme gestreckt , mit dem Rücken nach unten beugen

- Die Hände kommen bis Bodennähe, der Kopf bleibt zwischen den Oberarmen

- Langsam Wirbel für Wirbel aufrichten

FOKUS

- Eine Wellenbewegung durch aktiven Einsatz der Bauchmuskulatur entsteht in der Wirbelsäule

3. ÜBUNG
SEITNEIGUNG, RUMPF DEHNEN

- Ausgangsposition: Den Rumpf in weitem Bogen zur Seite neigen (Abb. 1)

- Die Handflächen lösen sich in der Bewegung, die Hände nach unten bis zu den Füßen führen (Abb. 2)

- Über dieselbe Seite zurück aufrichten (Abb. 3)

- Seitenwechsel

4. ÜBUNG

BEIN- UND RUMPFDEHNUNG

- Ausgangsposition

- Der linke Fuß gleitet am Boden nach vorne, das linke Bein ist gestreckt, das rechte Knie wird hierbei gebeugt, das Gewicht ist auf dem rechten Fuß

- Die Bewegung beginnt Wirbel für Wirbel geschmeidig von oben nach unten (Abb. 1)

- Der Rumpf wird von den Händen ausgehend zum linken Fuß gebeugt

- Die Hände kommen bis max. zu den Füssen (Abb. 2)

- Langsam aufrichten, Arme und Rumpf folgen in fließender Bewegung

- Seitenwechsel

SCHLANGE
KOMBI-
NATIONEN
YouTube (Video)

 LEVEL 4 KOMBINATIONEN

ALLE ÜBUNGEN KÖNNEN
MITEINANDER VERBUNDEN
WERDEN

DANKE

Danke an meine Lektor*innen: Für das kontinuierliche Gegenlesen und die unterstützenden Anregungen von Gesa Evers und Kerstin Müller. Beide haben sich intensiv mit allen Übungsbeschreibungen auseinandergesetzt und wertvolle Impulse gegeben. Danke an Bianca Engeln für die Weiterentwicklung einiger Übungen.

Danke an alle AniMotion Trainer*innen in freundschaftlicher Verbundenheit für ihr Engagement. Die bisher ausgebildeten Trainer*innen sind auf der Webseite FriedlicherDrache.de gelistet.

Dem Körpertherapeuten Rolf Meiners danke ich für seine Anregungen und für das Schärfen des Bewusstseins für die Steigerungen der Übungen sowie das genaue Überprüfen der Übungen und Texte.

Danke an Pepe Pazzerello für das Layout der ersten Fassung. Danke an Gabi Wider für die gemalten Bilder. An Christian Kolletzki für den gelungenen Klappentext und an den Fotografen Thomas Hansmann für die Fotos und das gute Auge für den richtigen Moment.

Mohamed Mo Saleh gebührt an dieser Stelle besonderer Dank für seine wertvollen Übungsimpulse.

Mein Herzensdank für die großartige Musik gilt meinem Mann Steve Schroyder, der mich immer durch die Höhen und Tiefen der entstehenden Prozesse treu und liebevoll begleitet. Die Trommelbegleitung zu den Clips ist von Holger Teuber.

Der Onlinekurs zum Buch ist auf FriedlicherDrache.de erhältlich.
Weitere Infos mit Kurs- und Weiterbildungsangeboten unter:
FRIEDLICHERDRACHE.DE

DIGITALE MEDIEN

CD

QIGONG DANCING
Mit den vier Tieren bewegen
Christoph Schwarz, Wien | 2014

QIGONG DANCING
Steve Schroyder & AlienVoices
OXOZmusic, Irina Sheba Music | 2012

DVD

QIGONG DANCING
Der Tanz mit der Lebensenergie
Warner Vison | 2000

ANGEWANDTES QIGONG
Qigong Dancing (DVD 1)
Übungen zum Mitmachen
Friedlicher Drache, Eigenvertrieb | 2017

ANGEWANDTES QIGONG
Taiji | Qigong | Kung Fu (DVD 2)
Übungen aus dem Dojo Friedlicher Drache
Friedlicher Drache, Eigenvertrieb | 2017

LOPI - ONLINE KURS:
FriedlicherDrache.de

Alle Artikel sind in folgenden Onlineshops erhältlich:
PLANETWARE.DE
FRIEDLICHERDRACHE.DE

BÜCHER

AFFEKT-KONTROLL-TRAINING
Qigong Dancing, Synergien aus Ost und West
Gertrud Schröder und Thomas Brendel
Ein Sachbuch für Laien und Experten.

KRAFT DER VIER TIERE, 2017
Gertrud Schröder - Long Ping
Beschreibung: Angewandtes Qigong zur Begleitung in Alltag, Therapie und Training
ISBN-13: 9783744819619
Bestellung: shop@friedlicherdrache.de

DISCOVER THE ENERGY OF THE FOUR ANIMALS, 2017
Theory and practise of Qigong Dancing
Gertrud Schröder - Long Ping
ISBN-13: 9783746036847

DECOUVRIR L´ENERGIE DES QUATRES ANIMAUX
Qigong appliqué pour la vie quotidienne, la thérapie et éducation
Gertrud Schröder - Long Ping
ISBN-13: 9783752867572

ODKRYWANIE SIŁY CZTERECH ZWIERZĄT, 2018 (polnisch)
Qigong do stosowania w codzienności oraz w terapii i treningach
Gertrud Schröder - Long Ping
ISBN: 9783752805352

ANIMOTION, 2018
Power- and Fitness Workout
Gertrud Schröder - Long Ping
ISBN: 9783752897791

ALLE BÜCHER SIND AUCH ALS EBOOK ERHÄLTLICH

ANIMOTION - WORKOUT SHIRTS
UND WEITERE PRODUKTE:

FriedlicherDrache.de/shop

IMPRESSUM

Herausgeber:
Gertrud Schröder (Long Ping), Freiburg

Autor:
Gertrud Schröder (Long Ping), Freiburg

Herstellung und Verlag:
BoD - Books on Demand, Norderstedt

Konzept und Gestaltung:
Gertrud Schröder (Long Ping), Freiburg

Logo | Umschlaggestaltung | Layout:
pepworx.de(sign)

Zeichnungen:
Meister Ma (China), Gabriela Walter-Wider

Darsteller (Fotos):
Gertrud Schröder, Milan Müller, Julia Wider, Philipp Wider, Mbemba Jatta

Darsteller (YouTube):
Gertrud Schröder

Weitere Informationen und Kontakt:
www.friedlicherdrache.de | info@friedlicherdrache.de